MILO

der Naschkater

Kinder, es ist Schlafenszeit,
keine Sonne weit und breit.
Doch Milo wird jetzt richtig munter,
klettert auf Dächer, rauf und runter.

Die kleine Gasse ist sein Ziel,
Essbares findet er dort viel.

Fleisch hat bei ihm nichts zu suchen,
er bevorzugt süße Kuchen.

Wenn die anderen ihn sehen,
können sie es nicht verstehen.
Vögel und Mäuse sind fein,
lass die ollen Törtchen doch sein.

HA
HA
HA
HA
HA
HA
HA
HA

Als er viel gekostet hat,
ist er wirklich ziemlich satt.
Schon will er wieder fortgehen,
da ist ein Schrei zu vernehmen.

Eine Maus ist gefangen,
um ihr Leben am Bangen.
Allein kommt sie da nicht raus,
das ist ihr Ende - oh Graus.

Zum Glück ist Milo jetzt da,
er wird ihr helfen - na klar!
Sein Gesicht ist so verschmiert,
dass die Maus bewusstlos wird.

Vorsichtig stupst er sie an,
unsicher ob er helfen kann.
Als die Maus nicht reagiert,
ist Milo erstmal verwirrt.

Sie liegen lassen das geht nicht,
zu retten sie ist seine Pflicht.
Ganz sanft nimmt er sie in den Mund,
zum Fürchten gibt es keinen Grund.

Er bringt sie in sein Versteck,
das liegt auch gleich ums Eck.
Hier verbringt er stets den Tag,
bevor er abends geht auf Jagd.

Die Maus hat einige Wunden,
doch diese sind rasch verbunden.
Ein weiches Lager baut er ihr,
damit sie Ruhe findet hier.

Oft liest er der Maus Artikel vor,
aus der Zeitschrift Meisterkonditor.
Eines Tages will er backen,
auch wenn alle drüber lachen.

Mittlerweile ist die Maus genesen,
als ob nie was wäre gewesen.
Sie rüsten Milo aus mit Taschen,
damit er besorge was zu naschen.

Doch zurück in seinem Versteck,
bekommt er einen großen Schreck.
Als er gedreht hat seine Runden,
ist die Maus heimlich verschwunden.

Doch bald ist er nicht mehr allein,
einige Tiere kommen herein.
Die Maus bat sie mit anzupacken,
damit Milo endlich kann backen.

Sie würde ihn niemals verlassen,
weil sie super zusammen passen.
Denn egal ob Kater oder Maus,
das sagt nichts über den Charakter aus.

Jetzt nimmt alles seinen Lauf,
sie probieren ganz viel aus.
Milo lädt alle anderen Tiere ein,
und könnte aufgeregter nicht sein.

Einladung
zur
Café-Eröffnung

Doch anstatt ihn auszulachen,
ermuntern sie ihn weiterzumachen.
Und am Ende wird allen klar,
unsere Vielfalt ist wunderbar.

MILOs
CAFÉ
OBEN

Liebe Leserinnen und Leser,

zunächst ein herzliches Danke, weil Sie sich für dieses Buch entschieden haben. Ich hoffe sehr, dass Milos Geschichte Sie begeistern konnte.

Als mir vor drei Jahren die Idee zu der Geschichte kam, hätte ich niemals damit gerechnet, dass Milo wirklich in den Kinderzimmern landen würde. Glücklicher könnte ich wirklich nicht sein. Ich möchte damit insbesondere Kinder bestärken, sich und andere so zu akzeptieren, wie sie sind.
Außerdem soll es eine Erinnerung für Groß und Klein sein, an eigene Träume zu glauben.

Möglich gemacht wurde dieses Buch auch durch die enorme Unterstützung, die ich im Crowdfunding zur Finanzierung des Buches erhalten habe. Danke an jede Person, die das Buch vorbestellt oder später gekauft hat.

Herzlichst,
Ilka Brühl

Braunschweig, 2020

Es ist nicht leicht als verlagsunabhängige Autorin auf dem Markt zu bestehen. Wenn Sie überzeugt von diesem Herzensprojekt sind, können Sie mich unterstützen, indem Sie das Buch weiterempfehlen.

Weitere Informationen zu mir und meinen Projekten finden Sie auf meiner Website:

www.ilka-bruehl.de

Herausgeberin: Ilka Brühl
Autorin und Illustratorin: Ilka Brühl
ISBN: 978-3-96698-710-3

Bibliografische Information der Deutschen Nationalbibliothek:
Die Deutsche Nationalbibliothek verzeichnet diese Publikation in der Deutschen Nationalbibliografie; detaillierte bibliografische Daten sind im Internet über http://dnb.d-nb.de aufrufbar.